AF187780

Impressum
Verlag: BABADADA GmbH, Nedderfeld 112 , 22529 Hamburg
Geschäftsführer / Verlagsleitung: Harald Hof
Druck: Books on Demand GmbH, In de Tarpen 42, 22848 Norderstedt

Imprint
Publisher: BABADADA GmbH, Nedderfeld 112 , 22529 Hamburg, Germany
Managing Director / Publishing direction: Harald Hof
Print: Books on Demand GmbH, In de Tarpen 42, 22848 Norderstedt, Germany

学校

școală

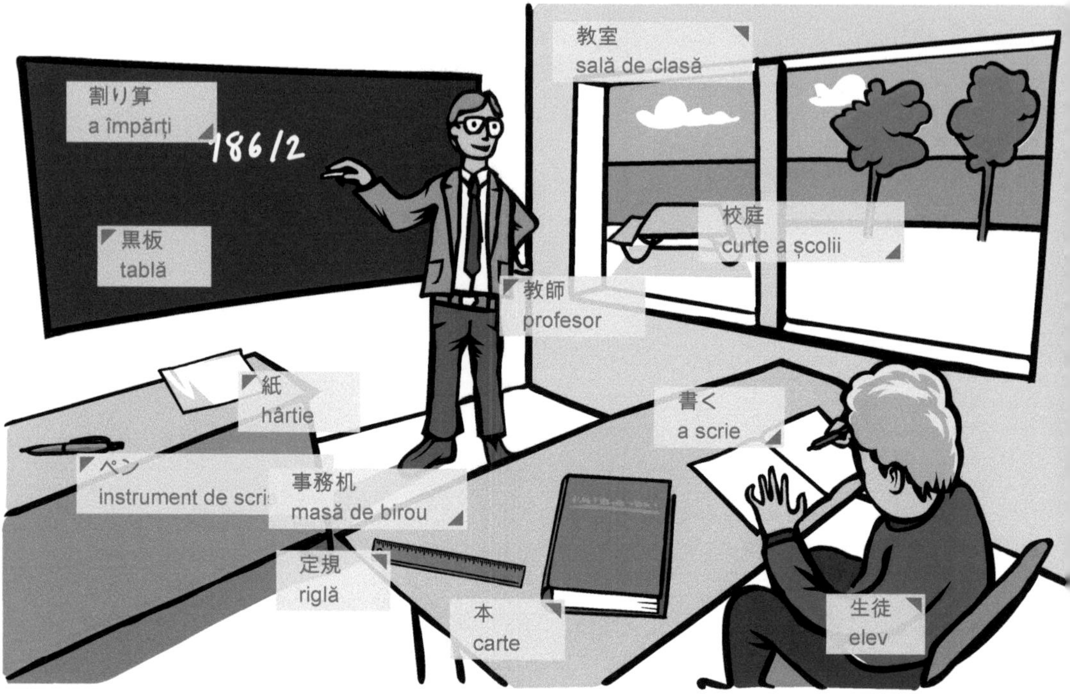

教室
sală de clasă
割り算
a împărți
186/2
黒板
tablă
校庭
curte a școlii
教師
profesor
紙
hârtie
書く
a scrie
ペン
instrument de scri
事務机
masă de birou
定規
riglă
本
carte
生徒
elev

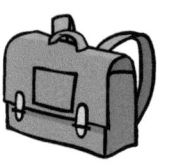

ランドセル

ghiozdan

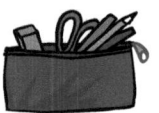

筆入れ

penar

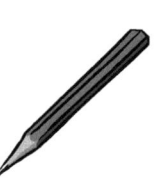

鉛筆

creion

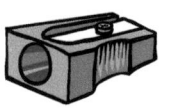

鉛筆削り

ascuțitoare

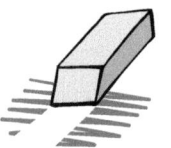

消しゴム

radieră

スケッチブック

bloc de desen

スケッチ
desen

絵筆
pensulă

絵の具箱
cutie de acuarele

はさみ
foarfece

接着剤
lipici

練習帳
caiet de exerciţii

宿題
temă

数
număr

足し算
a aduna

引き算
a scădea

かけ算
a multiplica

計算する
a calcula

文字
literă

アルファベット
alfabet

cuvânt
単語

テキスト

text

読む

a citi

チョーク

cretă

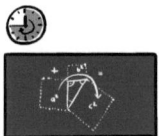

授業

oră

学級日誌

catalog

試験

examen

通知表

certificat

制服

uniformă școlară

教育

educație

百科事典

enciclopedie

大学

universitate

顕微鏡

microscop

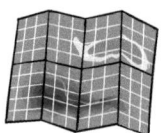

地図

hartă

ごみ箱

coș de gunoi

旅行

călătorie

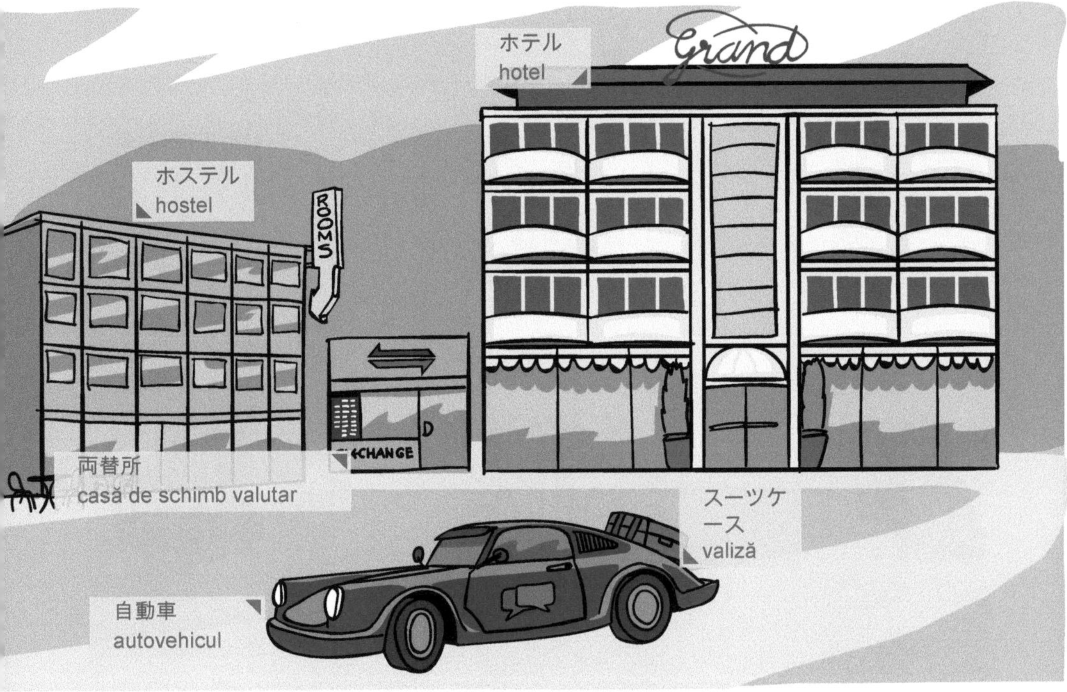

ホテル
hotel
Grand
ホステル
hostel
ROOMS
両替所
casă de schimb valutar
EXCHANGE
スーツケース
valiză
自動車
autovehicul

言語

limbă

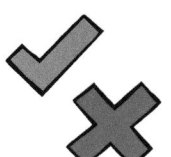

はい / いいえ

da/nu

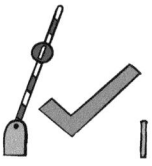

問題ない

okay

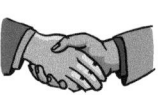

ハロー

Bună!

翻訳者

interpret

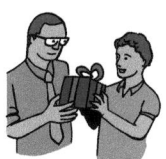

ありがとう

mulțumesc

…はいくらですか？

Cât costă…?

わかりません

Nu înțeleg

問題

problemă

こんばんは！

Bună seara!

おはようございます！

Bună dimineața!

おやすみなさい！

Noapte bună!

さようなら

la revedere

方向

direcție

手荷物

bagaj

バッグ

geantă

リュックサック

rucsac

お客様

oaspete

部屋

cameră

寝袋

sac de dormit

テント

cort

旅行者情報

punct de informare turistică

ビーチ

plajă

クレジットカード

carte de credit

朝食

mic dejun

昼食

masa de prânz

夕食

cină

チケット

bilet de călătorie

エレベーター

lift

スタンプ

timbru poștal

境界

graniță

税関

vamă

大使館

ambasadă

ビザ

viză

パスポート

pașaport

旅行 - călătorie

輸送

transport

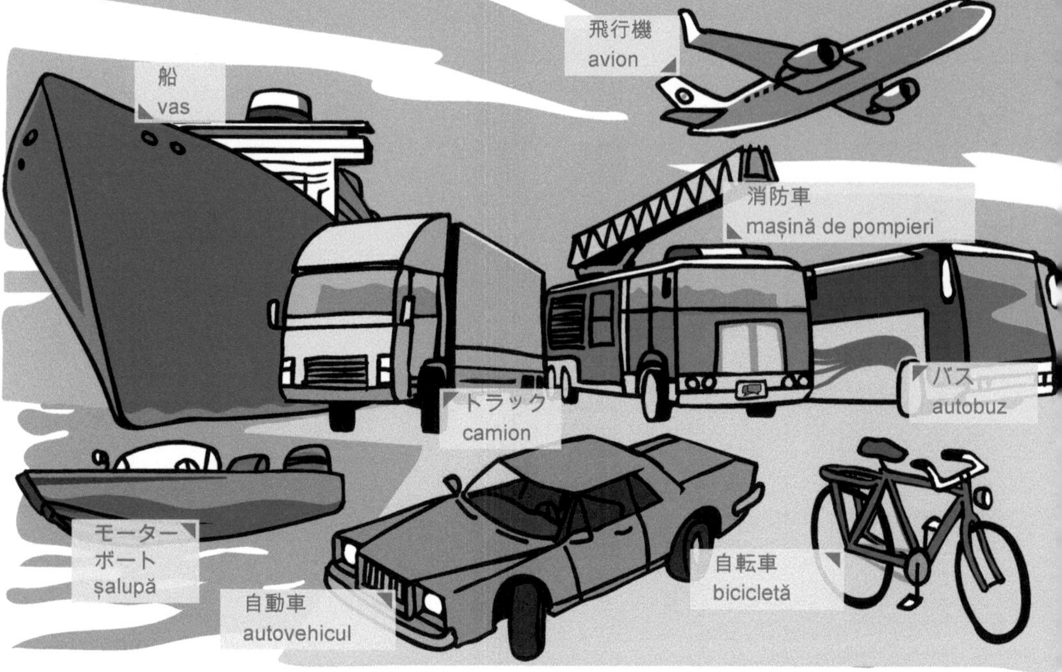

飛行機
avion
船
vas
消防車
mașină de pompieri
トラック
camion
バス
autobuz
モーター
ボート
șalupă
自動車
autovehicul
自転車
bicicletă

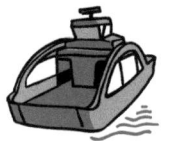

フェリー

feribot

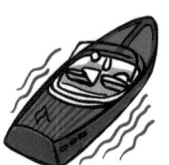

ボート

barcă

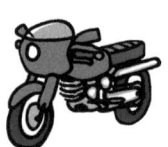

バイク

motocicletă

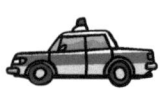

パトカー

mașină de poliție

レーシングカー

mașină de curse

レンタカー

mașină închiriată

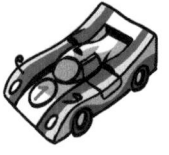

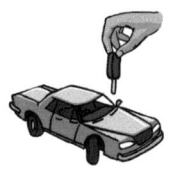

カーシェアリング

car sharing

レッカー車

mașină de tractat

ごみ収集車

mașină de gunoi

モーター

motor

燃料

combustibil

ガソリンスタンド

benzinărie

交通標識

semn de circulație

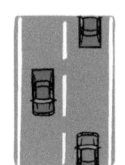

交通

trafic

渋滞

ambuteiaj

駐車場

parcare

駅

gară

道

șine

列車

tren

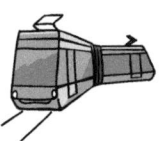

路面電車

tramvai

車両

vagon

ヘリコプター
elicopter

空港
aeroport

タワー
turn

乗客
pasager

コンテナ
container

段ボール箱
carton

カート
căruță

カゴ
coș

離陸 / 着陸
a decola/a ateriza

都市
oraș

村
sat

都心
centru

家
casă

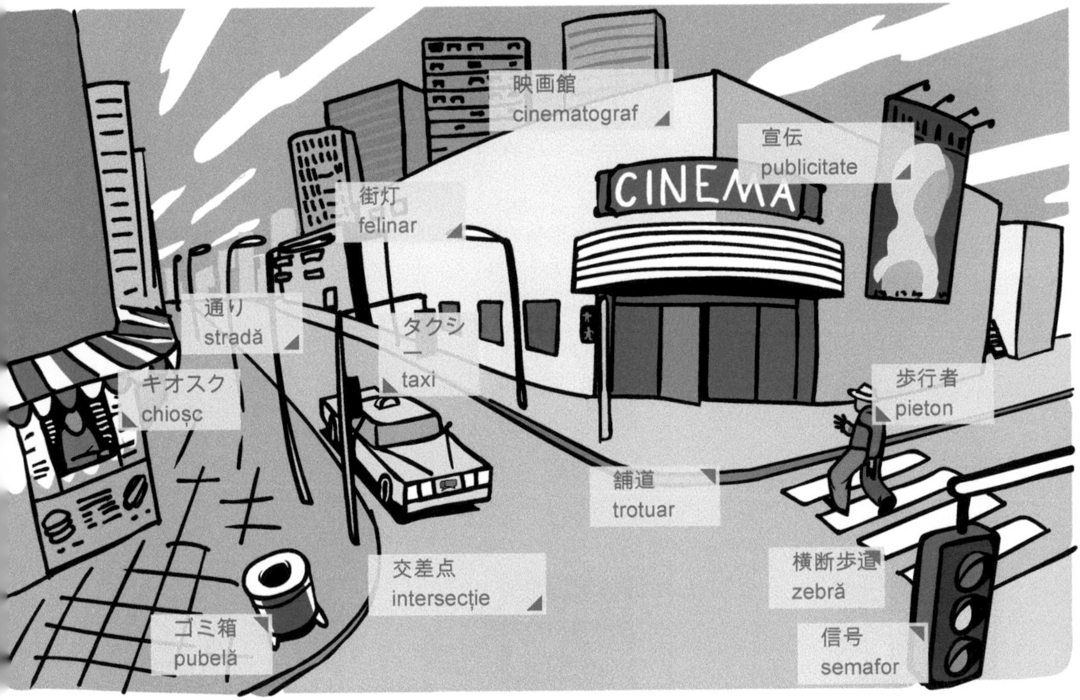

映画館
cinematograf

宣伝
publicitate

街灯
felinar

通り
stradă

タクシー
taxi

キオスク
chiosc

歩行者
pieton

舗道
trotuar

交差点
intersecție

横断歩道
zebră

ゴミ箱
pubelă

信号
semafor

小屋

cabană

アパート

apartament

駅

gară

市役所

primărie

美術館

muzeu

学校

școală

大学

universitate

銀行

bancă

病院

spital

ホテル

hotel

薬局

farmacie

オフィス

birou

書店

librărie

ショップ

magazin

花屋

florărie

スーパーマーケット

supermarket

市場

piață

デパート

magazin universal

魚屋

comerciant de pește

ショッピングセンター

centru comercial

港

port

公園

parc

ベンチ

bancă

橋

pod

階段

trepte

地下鉄

metrou

トンネル

tunel

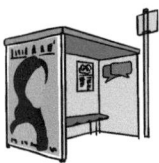

バス停

staţie de autobuz

バー

bar

レストラン

restaurant

ポスト

cutie poştală

道路標識

tăbliţă indicatoare cu
numele străzii

パーキングメーター

parcometru

動物園

grădină zoologică

スイミングプール

piscină

モスク

moschee

農場

gospodărie țărănească

汚染

poluare

墓地

cimitir

教会

biserică

遊び場

loc de joacă

寺

templu

風景

peisaj

葉
frunză

道標
indicator

道
drum

草地
pajiște

石
piatră

木
copac

ハイカー
drumeț

川
râu

草
iarbă

花
floare

谷
vale

山
deal

湖
lac

森
pădure

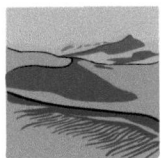

砂漠
deșert

火山
vulcan

城
castel

虹
curcubeu

キノコ
ciupercă

ヤシの木
palmier

蚊
țânțar

ハエ
muscă

蟻
furnică

ミツバチ
albină

クモ
păianjen

カブトムシ
gândac

蛙
broască

リス
veveriță

ハリネズミ
arici

ウサギ
iepure

フクロウ
bufniță

鳥
pasăre

白鳥
lebădă

雄豚
porc mistreț

鹿
cerb

ヘラジカ
elan

ダム
dig

風力タービン
turbină eoliană

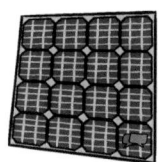

ソーラーパネル
panou solar

気候
climă

レストラン
restaurant

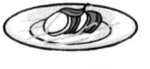

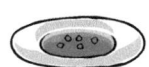

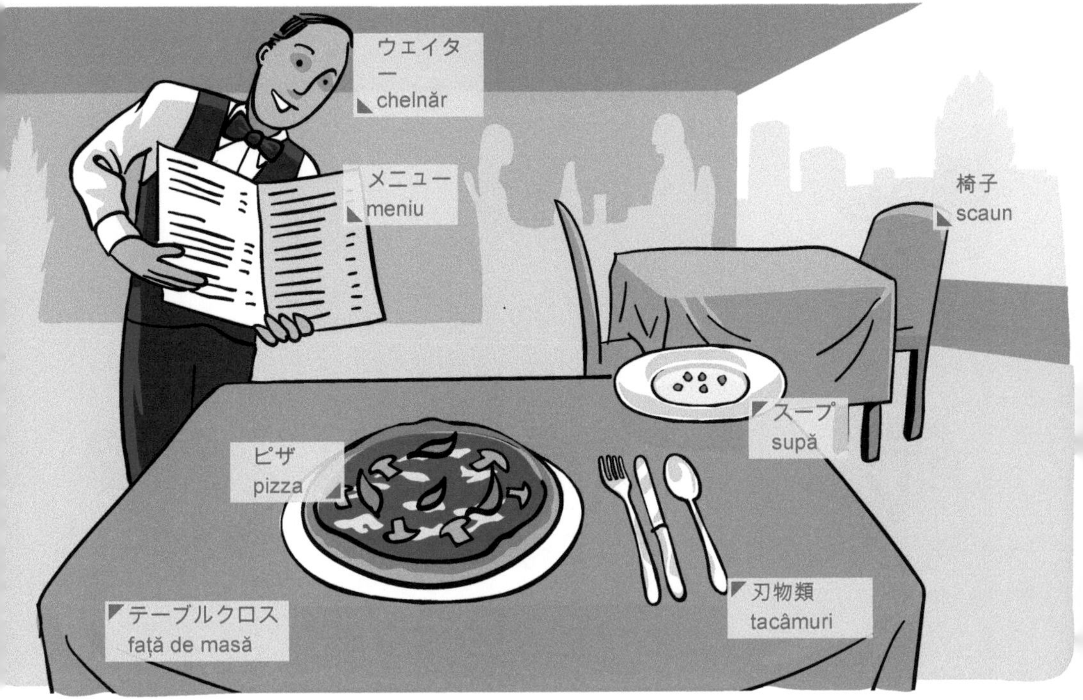
ウェイター
chelnăr
メニュー
meniu
椅子
scaun
スープ
supă
ピザ
pizza
刃物類
tacâmuri
テーブルクロス
față de masă

前菜

antreu

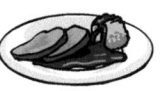

メインコース

fel principal

デザート

desert

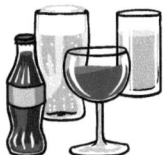

飲み物

băuturi

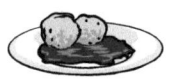

食べ物

mâncare

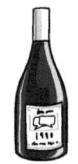

ボトル

sticlă

ファストフード

fastfood

屋台の食べ物

streetfood

ティーポット

ceainic

砂糖入れ

zaharniță

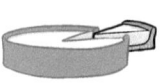

一人前

porție

エスプレッソマシン

espressor

幼児用食事椅子

scaun înalt (pentru copii)

請求書

factură

トレー

tavă

ナイフ

cuțit

フォーク

furculiță

スプーン

lingură

ティースプーン

linguriță

ナプキン

șervețel

グラス

pahar

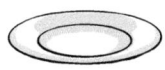

皿

farfurie

スープ皿

farfurie de supă

受け皿

farfurie

ソース

sos

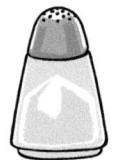

塩入れ

solniță

ペッパーミル

râșniță de piper

酢

oțet

油

ulei

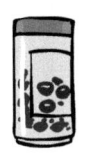

スパイス

condimente

ケチャップ

ketchup

マスタード

muștar

マヨネーズ

maioneză

スーパーマーケット

supermarket

特価品
ofertă
FOR
顧客
client
乳製品
produse lactate
果物
fructe
ショッピング・カート
cărucior de cumpărături

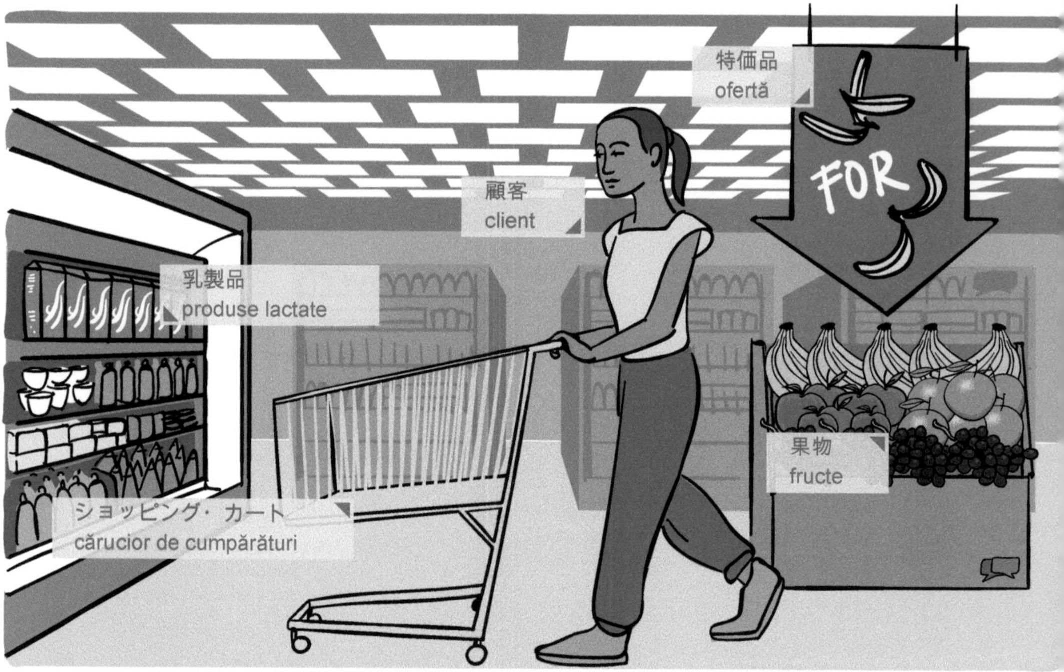

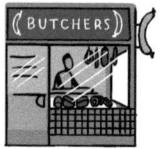

BUTCHERS

肉屋

măcelărie

BAKERY

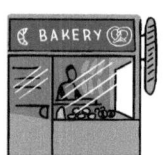

パン屋

brutărie

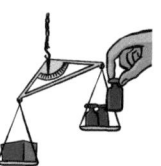

重さをはかる

a cântări

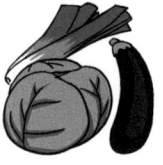

野菜

legume

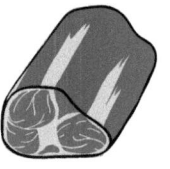

肉

carne

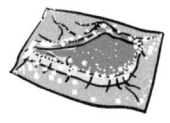

冷凍食品

alimente refrigerate

冷肉の薄切り

mezeluri și brânzeturi feliate

缶詰食品

conserve

洗剤

detergent

菓子

dulciuri

家庭用品

articole de menaj

清掃用品

produse de curățenie

販売員

vânzătoare

現金箱

casă

レジ係

casier

買い物リスト

listă de cumpărături

開館時刻

orar

財布

portmoneu

クレジットカード

carte de credit

バッグ

geantă

ポリ袋

pungă de plastic

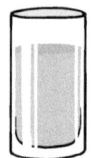

水

apă

ジュース

suc

牛乳

lapte

コーラ

cola

ワイン

vin

ビール

bere

アルコール

alcool

ココア

cacao

紅茶

ceai

コーヒー

cafea

エスプレッソ

espresso

カプチーノ

cappucino

バナナ

banane

リンゴ

măr

オレンジ

portocală

メロン

pepene

レモン

lămâie

ニンジン

morcov

ニンニク

usturoi

竹

bambus

玉ねぎ

ceapă

キノコ

ciupercă

ナッツ

nuci

ヌードル

paste făinoase

スパゲッティ

spagheti

米

orez

サラダ

salată

フライドポテト

cartofi prăjiți

フライドポテト

cartofi țărănești

ピザ

pizza

ハンバーガー

hamburger

サンドウィッチ

sandwich

カツレツ

șnițel

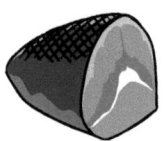

ハム

șuncă

サラミ

salam

ソーセージ

cârnați

鶏肉

pui

焼き

friptură

魚

pește

麦のお粥

fulgi de ovăz

ムーズリ

musli

コーンフレーク

cereale

小麦粉

făină

クロワッサン

corn

ロールパン

chifle

パン

pâine

トースト

pâine prăjită

ビスケット

biscuiți

バター

unt

カッテージチーズ

brânză de vaci

ケーキ

prăjitură

卵

ou

目玉焼き

ouă ochiuri

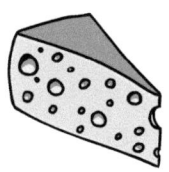

チーズ

brânză

食べ物 - mâncare

アイスクリーム

îngheţată

砂糖

zahăr

はちみつ

miere

ジャム

marmeladă

ヌガークリーム

cremă nuga

カレー

curry

農場
gospodărie țărănească

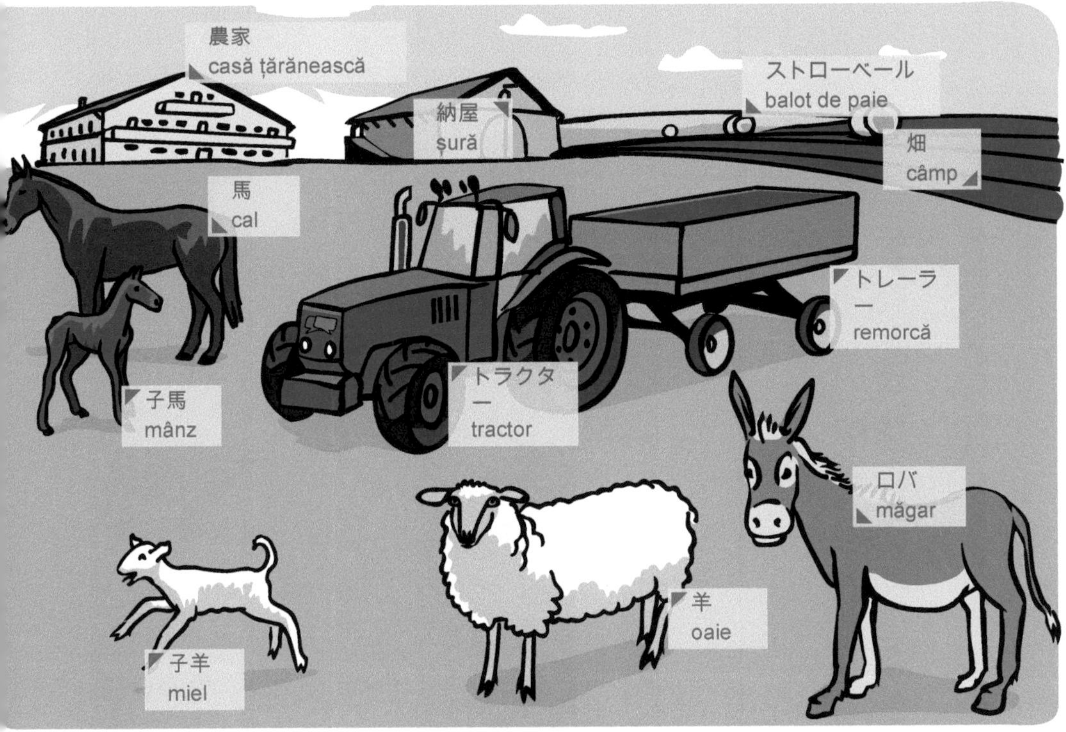
農家
casă țărănească
ストローベール
balot de paie
納屋
șură
畑
câmp
馬
cal
トレーラー
remorcă
子馬
mânz
トラクター
tractor
ロバ
măgar
羊
oaie
子羊
miel

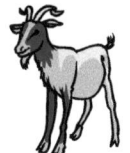

ヤギ

capră

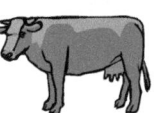

雌牛

vacă

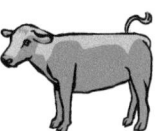

子牛

vițel

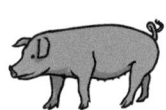

豚

porc

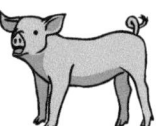

子豚

purcel

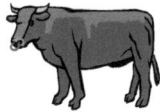

雄牛

taur

ガチョウ

gaină

アヒル

rață

ひよこ

pui

にわとり

gaină

おんどり

cocoș

ネズミ

șobolan

猫

pisică

ねずみ

șoarece

雄牛

bou

犬

câine

犬小屋

cușcă

散水ホース

furtun de grădină

じょうろ

stropitoare

大鎌

coasă

すき

plug

草刈り鎌

secerǎ

くわ

sapǎ

堆肥用フォーク

furcǎ

斧

secure

手押し車

roabǎ

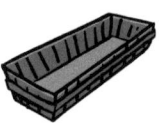

かいばおけ

troacǎ

牛乳缶

canǎ pentru lapte

袋

sac

フェンス

gard

畜舎

grajd

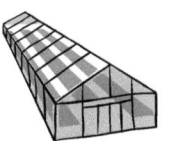

温室

serǎ

土壌

sol

種

sǎmânţǎ

肥料

fertilizator

コンバイン

combinǎ de treierat

収穫する

a culege

収穫

recoltă

ヤマイモ

cartof yam

小麦

grâu

大豆

soia

じゃがいも

cartof

トウモロコシ

porumb

菜種

rapiță

果樹

pom fructifer

キャッサバ

manioc

穀物

cereale

家

casă

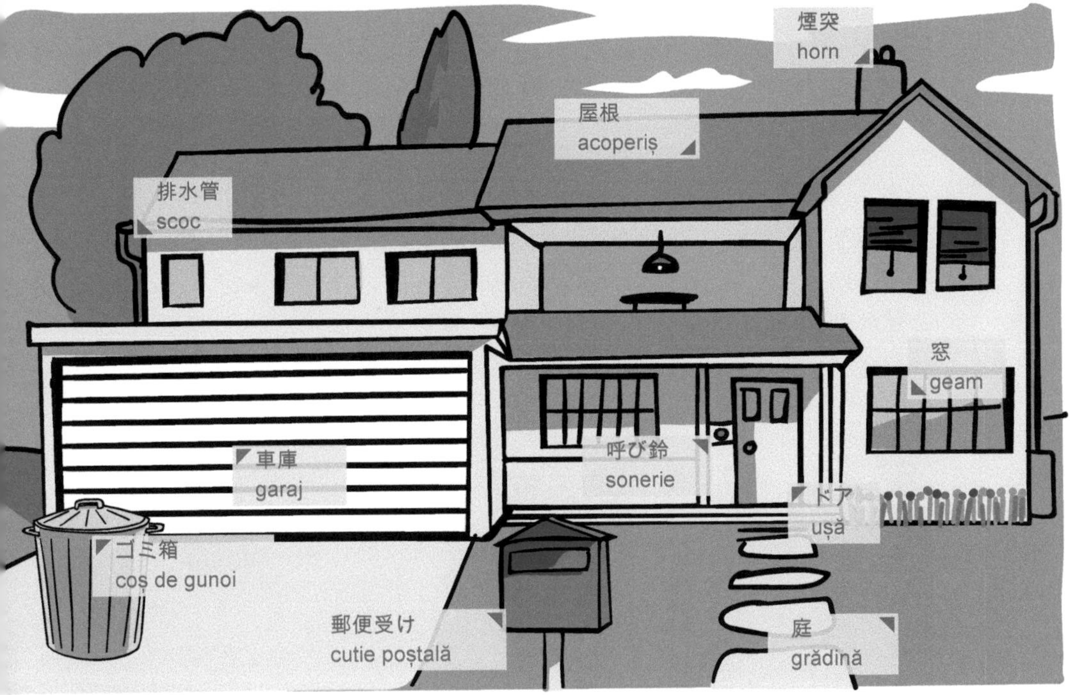

煙突
horn
屋根
acoperiș
排水管
scoc
窓
geam
車庫
garaj
呼び鈴
sonerie
ドア
ușă
ゴミ箱
coș de gunoi
郵便受け
cutie poștală
庭
grădină

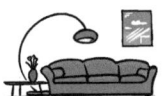

リビングルーム

cameră de zi

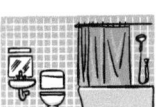

浴室

baie

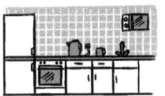

台所

bucătărie

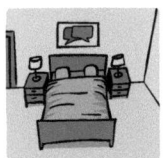

寝室

dormitor

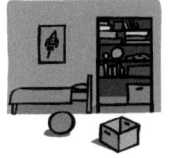

子供部屋

camera copiilor

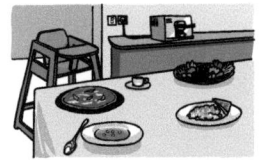

ダイニング・ルーム

sufragerie

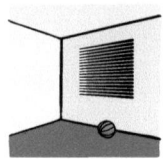

床
podea

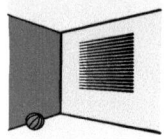

壁
perete

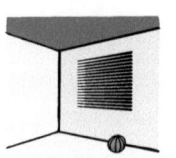

天井
tavan

地下貯蔵庫
pivniță

サウナ
saună

バルコニー
balcon

テラス
terasă

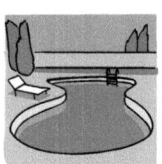

プール
piscină

芝刈り機
mașină de tuns iarba

シーツ
cearșaf

ベッドカバー
cuvertură

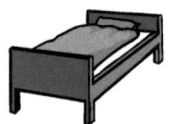

ベッド
pat

ほうき
mătură

バケツ
găleată

スイッチ
întrerupător

リビングルーム
camerǎ de zi

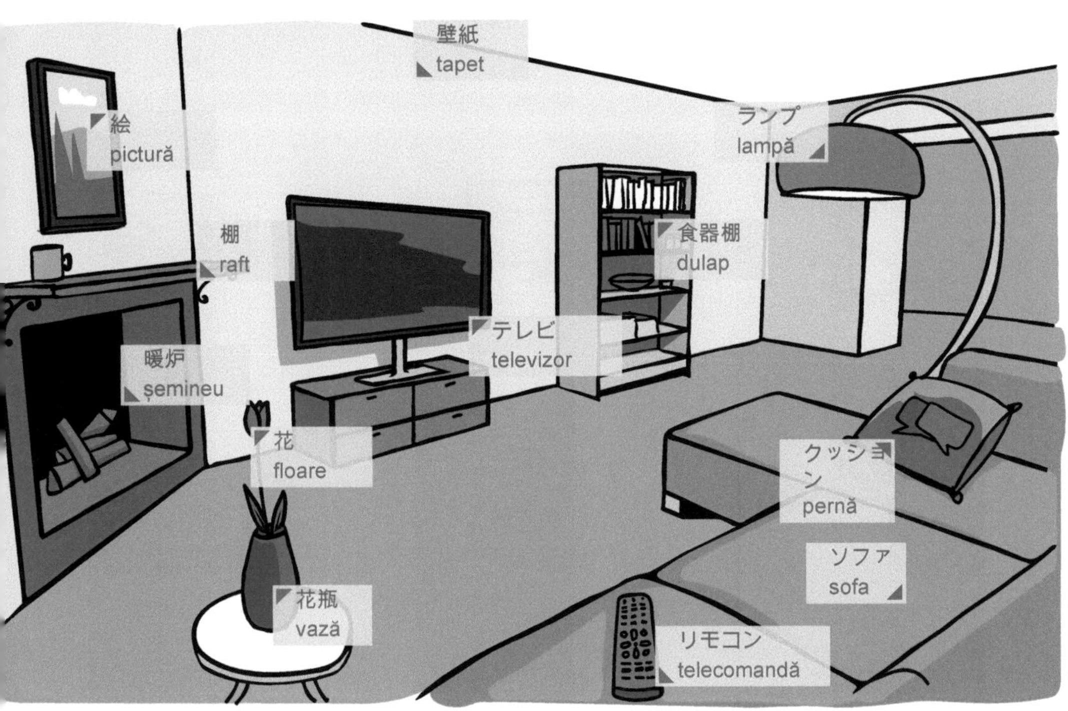

壁紙
tapet
絵
picturǎ
ランプ
lampǎ
棚
raft
食器棚
dulap
テレビ
televizor
暖炉
șemineu
花
floare
クッション
pernǎ
ソファ
sofa
花瓶
vazǎ
リモコン
telecomandǎ

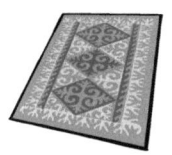

カーペット

covor

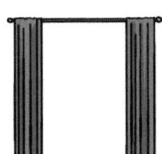

カーテン

perdea

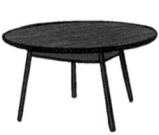

テーブル

masǎ

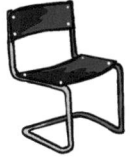

椅子

scaun

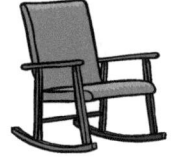

ロッキングチェア

balansoar

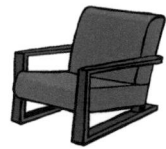

ひじ掛け椅子

fotoliu

本
....
carte

毛布
....
pătură

飾り
....
decoraţiune

たきぎ
....
lemn de foc

映画
....
film

ステレオ
....
instalaţie stereo

鍵
....
cheie

新聞
....
ziar

絵画
....
desen

ポスター
....
poster

ラジオ
....
radio

メモ帳
....
caiet de notiţe

掃除機
....
aspirator

サボテン
....
cactus

ろうそく
....
lumânare

台所
bucătărie

冷蔵庫
frigider
電子レンジ
cuptor cu microunde
調理用はかり
cântar de bucătărie
トースター
prăjitor de pâine
洗剤
detergent
オーブン
cuptor
冷凍室
răcitor
ゴミ箱
coș de gunoi
食器洗い機
mașină de spălat vase

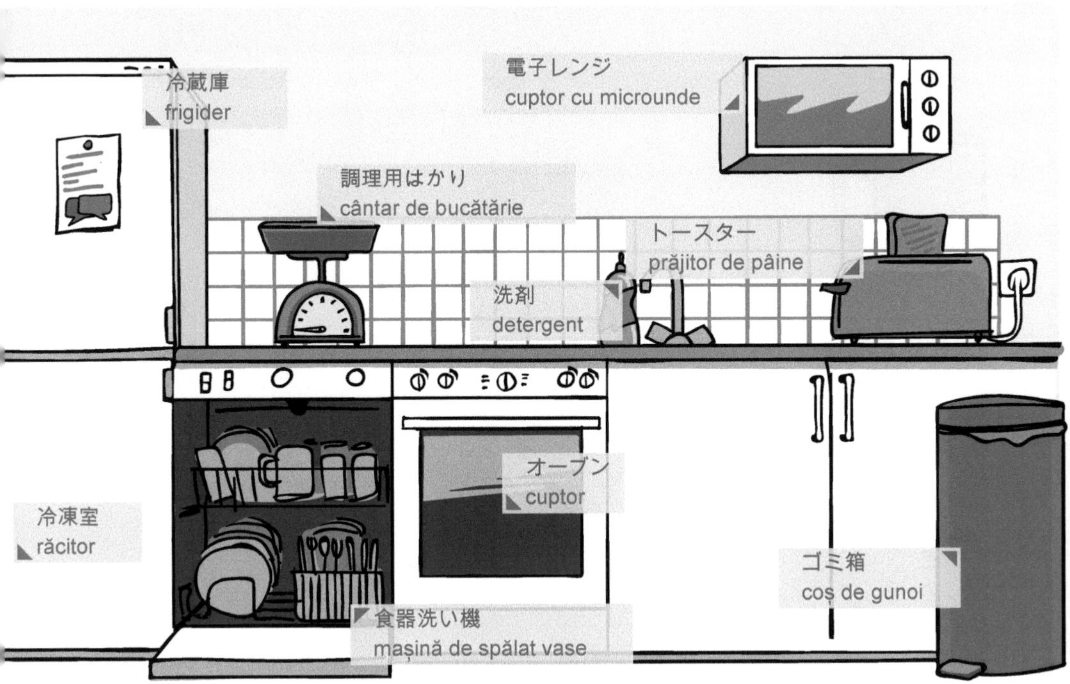

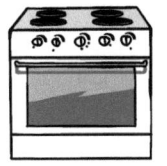

こんろ

cuptor

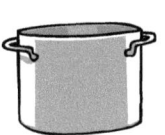

鍋

oală

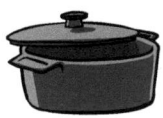

鉄鍋

oală de metal

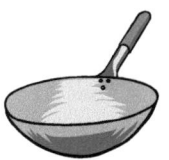

中華鍋/ カダイ鍋

wok/kadai

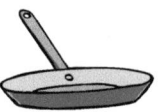

フライパン

tigaie

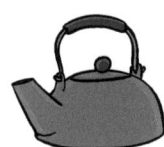

やかん

ceainic

蒸し器

oală de gătit cu aburi

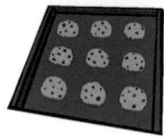

天板

tavă de copt

食器

veselă

マグカップ

pahar

ボウル

bol

箸

bețișoare

おたま

polonic

へら

spatulă

泡立て器

tel

こし器

sită

ふるい

sită

すりおろし器

răzătoare

すり鉢

mojar

バーベキュー

grătar

かまど

loc pentru grătar

まな板

tocător

麺棒

sucitor

栓抜き

tirbușon

缶

conservă

缶切り

deschizător de conserve

鍋つかみ

servete termice

流し

chiuvetă

ブラシ

perie

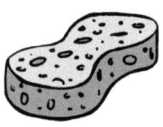

スポンジ

burete

ミキサー

mixer

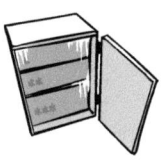

冷凍庫

ladă frigorifică

哺乳瓶

biberon

蛇口

robinet

ヒーター
încălzire

タオル
prosop

シャワー
duș

泡風呂
baie cu spumă

シャワーカーテン
perdea de duș

浴槽
cadă

グラス
pahar

洗濯機
mașină de spălat

タイル
gresie

蛇口
robinet

おまる
oală de noapte

流し
chiuvetă

トイレ
toaletă

和式トイレ
toaletă turcească

ビデ
bideu

小便器
pisoir

トイレットペーパー
hârtie igienică

トイレブラシ
perie de toaletă

歯ブラシ

periuță de dinți

歯みがき

pastă de dinți

デンタルフロス

ață dentară

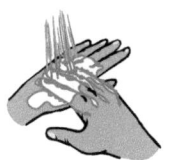

洗う

a spăla

シャワーヘッド

cap de duș

ハンドビデ

duș intim

洗面台

lavoar

ボディブラシ

perie pentru spate

石鹸

săpun

シャワー用ジェル

gel de duș

シャンプー

șampon

浴用タオル

cârpă de spălat

排水口

scurgere

クリーム

cremă

消臭

deodorant

浴室 - baie

鏡

oglindă

手鏡

oglindă cosmetică

かみそり

aparat de ras

シェービング・フォーム

spumă de ras

アフターシェーブローショ

aftershave

櫛

pieptene

ブラシ

perie

ドライヤー

uscător de păr

ヘアスプレー

fixator

化粧

machiaj

口紅

ruj

マニキュア

lac de unghii

脱脂綿

vată

爪切り

foarfece de unghii

香水

parfum

洗面用具入れ

neseser

スツール

taburet

体重計

cântar

バスローブ

halat de baie

ゴム手袋

mănuși de cauciuc

タンポン

tampon

生理用ナプキン

tampon

ケミカルトイレ

toaletă chimică

子供部屋

camera copiilor

目覚まし時計
ceas deșteptător
ぬいぐるみ
jucărie de pluș
おもちゃの自動車
mașină de jucărie
がらがら
morișcă
ドール・ハウス
casă de păpuși
プレゼント
cadou

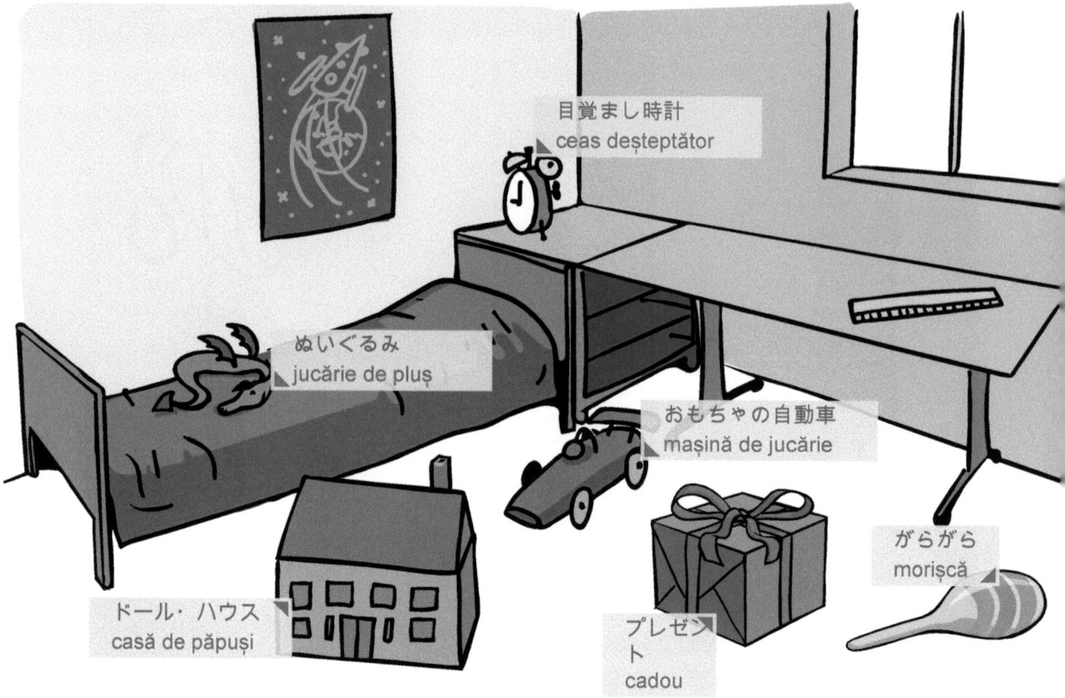

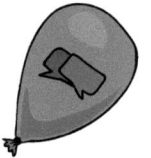

風船

balon

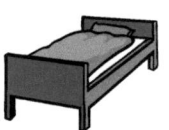

ベッド

pat

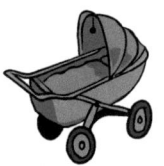

ベビーカー

cărucior de copii

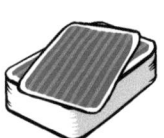

カードゲーム

joc de cărți

ジグソーパズル

puzzle

SUPER
MEGA

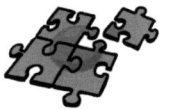

漫画

revistă de benzi desenate

レゴ

cuburi lego

玩具ブロック

piese pentru construcţii

アクションフィギュア

personaj din filmele de
acţiune

ロンパース

body

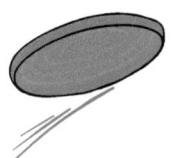

フリスビー

frisbee

モバイル

mobil

ボードゲーム

joc de societate

さいころ

zar

鉄道模型

set trenuleţ de jucărie

おしゃぶり

suzetă

パーティー

petrecere

絵本

carte cu poze

ボール

minge

人形

păpuşă

遊ぶ

a se juca

砂場

groapă de nisip

ブランコ

leagăn

おもちゃ

jucării

ゲーム機

consolă video

三輪車

tricicletă

テディベア

ursuleț

衣装ダンス

dulap

衣服

îmbrăcăminte

靴下

șosete

ストッキング

ciorapi

タイツ

dres

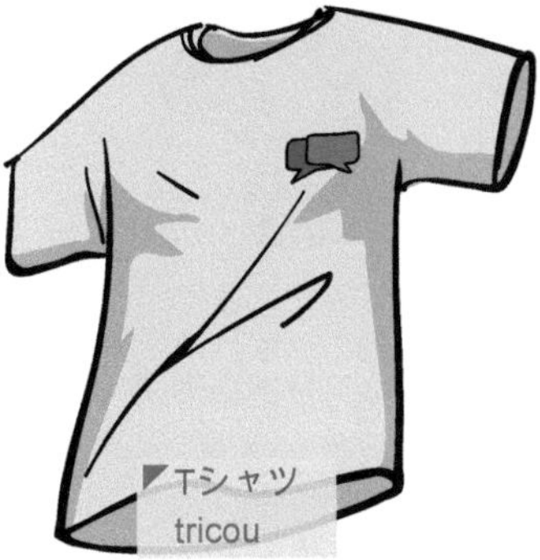

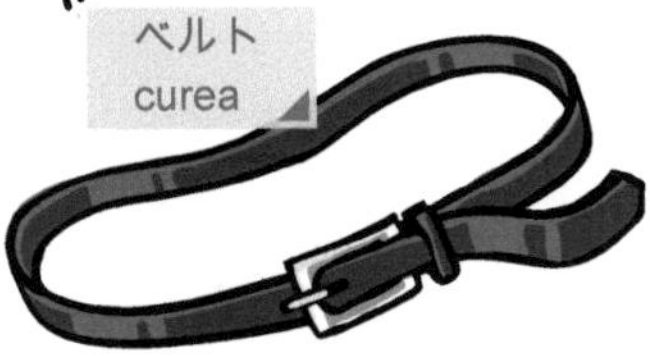

スカーフ
şal

ベルト
curea

雨傘
umbrelă

Tシャツ
tricou

ブーツ
cizme

スリッパ
papuci

スニーカー
pantofi sport

サンダル
sandale

靴
încălțăminte

ゴム長靴
cizme de cauciuc

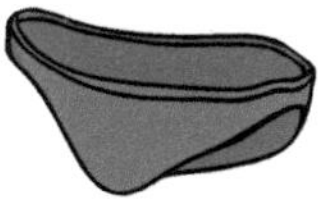

パンツ
chilot

ブラ
sutien

ベスト
maiou

衣服 - îmbrăcăminte

ボディースーツ

body

ズボン

pantaloni

ジーンズ

blugi

スカート

fustă

ブラウス

bluză

シャツ

cămașă

セーター

pulover

パーカー

jerseu

ブレザー

sacou

ジャケット

jachetă

コート

palton

レインコート

pelerină de ploaie

服装

costum

ドレス

rochie

ウェディングドレス

rochie de mireasă

スーツ

costum

ナイトガウン

cămașă de noapte

パジャマ

pijama

サリー

sari

ヘッドスカーフ

batic

ターバン

turban

ブルカ

burka

カフタン

caftan

アバヤ

abaya

水着

costum de baie

トランクス

șort

半ズボン

pantaloni scurți

スウェットスーツ

trening

エプロン

șorț

手袋

mănuși

ボタン

nasture

メガネ

ochelari

ブレスレット

brățară

ネックレス

lanț

指輪

inel

イヤリング

cercel

帽子

căciulă

ハンガー

umeraș

帽子

pălărie

ネクタイ

cravată

ファスナー

fermoar

ヘルメット

cască

サスペンダー

bretele

制服

uniformă școlară

ユニフォーム

uniformă

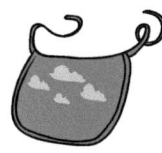

よだれかけ

bavețică

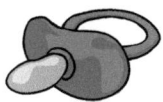

おしゃぶり

suzetă

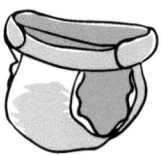

おむつ

scutec

オフィス

birou

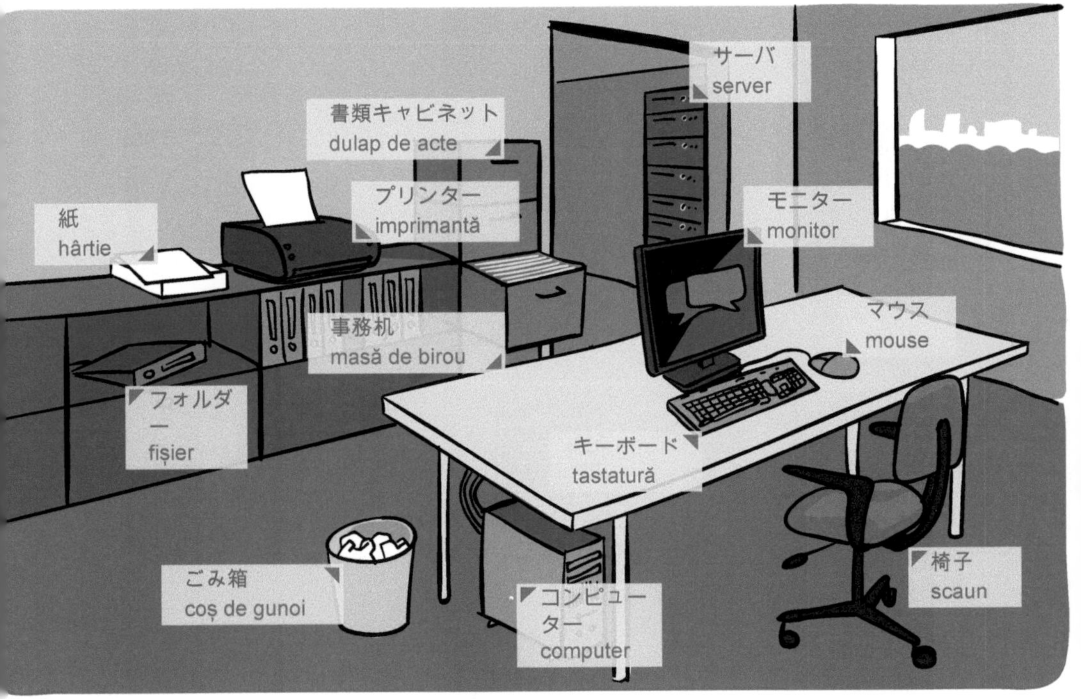

サーバ
server
書類キャビネット
dulap de acte
プリンター
imprimantă
紙
hârtie
モニター
monitor
マウス
mouse
事務机
masă de birou
フォルダー
fișier
キーボード
tastatură
椅子
scaun
ごみ箱
coș de gunoi
コンピューター
computer

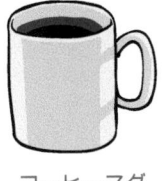

コーヒーマグ

ceașcă de cafea

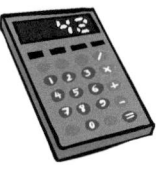

計算機

calculator

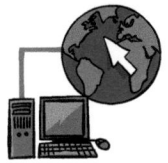

インターネット

internet

ラップトップ

laptop

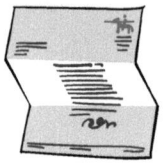

手紙

scrisoare

メッセージ

mesaj

携帯電話

telefon mobil

ネットワーク

rețea

コピー機

copiator

ソフトウェア

software

電話

telefon

コンセント

priză

ファックス

fax

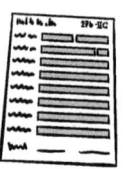

フォーム

formular

書類

document

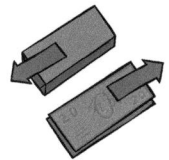

買う

a cumpăra

支払う

a plăti

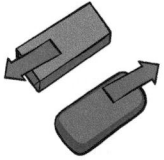

取引する

a face comerț

お金

bani

ドル

Dolar

ユーロ

Euro

円

Yen

ルーブル

Rublă

スイスフラン

Franc Elvețian

人民元

renminbi yuan

ルピー

Rupie

キャッシュポイント

bancomat

両替所

casă de schimb valutar

金

aur

銀

argint

油

petrol

エネルギー

energie

価格

preț

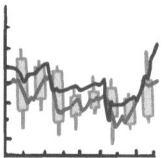

契約

contract

税金

impozit

株

acțiune

働く

a munci

従業員

angajat

雇用主

angajator

工場

fabrică

ショップ

magazin

警察官
poliţist

消防士
pompier

パイロット
pilot

医師
medic

コック
bucătar

庭師
grădinar

大工
tâmplar

お針子
cusătoreasă

裁判官
judecător

化学者
chimist

俳優
actor

職業 - ocupaţii

53

バスの運転手

șofer de autobuz

タクシー運転手

șofer de taxi

漁師

pescar

掃除婦

femeie de serviciu

屋根ふき職人

tinichigiu

ウェイター

chelnăr

ハンター

vânător

塗装工

pictor

パン屋

brutar

電気工

electrician

建設作業員

muncitor în construcții

エンジニア

inginer

肉屋

măcelar

配管工

instalator

郵便配達人

poștaș

軍人

soldat

建築家

arhitect

レジ係

casier

花屋

florar

美容師

frizer

車掌

controlor

機械工

mecanic

キャプテン

căpitan

歯科医

stomatolog

科学者

om de știință

ラビ

rabin

イスラム導師

imam

修道士

călugăr

牧師

preot

道具
instrumente

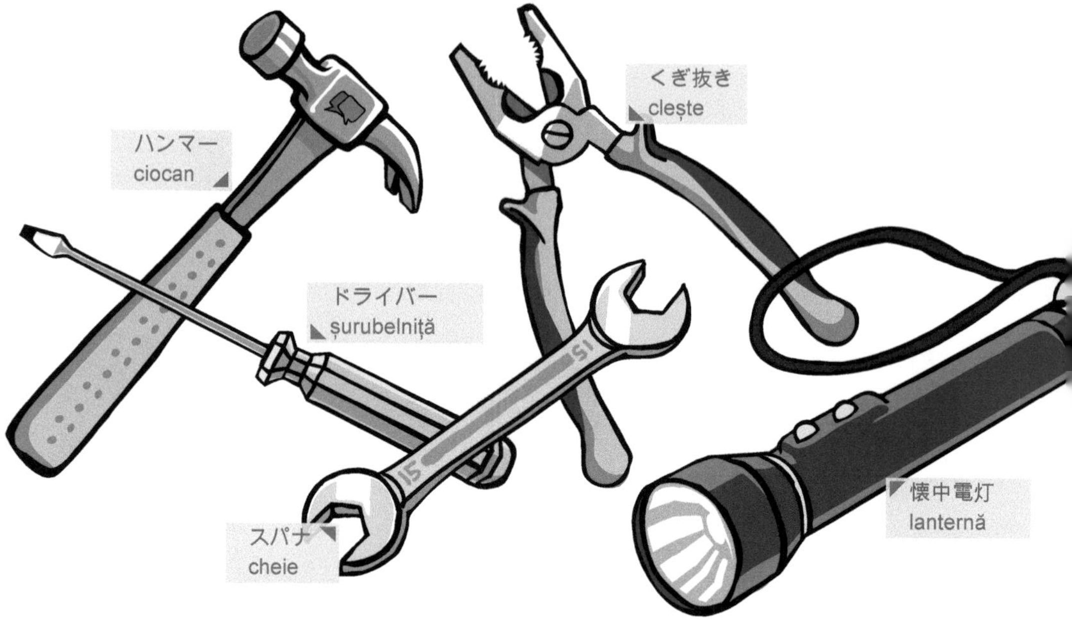

ハンマー
ciocan
くぎ抜き
cleşte
ドライバー
şurubelniţă
スパナ
cheie
懐中電灯
lanternă

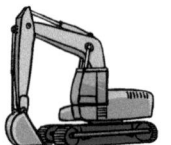

掘削機

excavator

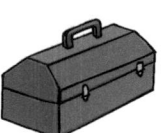

道具箱

cutie de scule

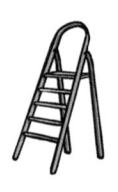

はしご

scară

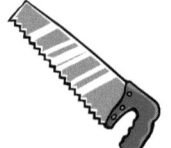

のこぎり

ferăstrău

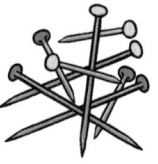

釘

cuie

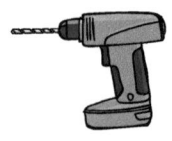

ドリル

burghiu

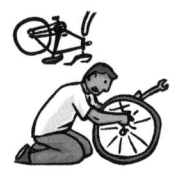

修理する

a repara

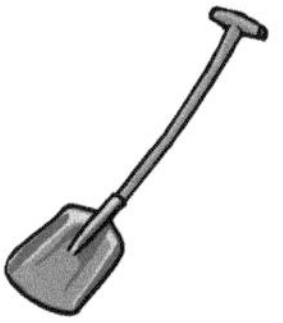

シャベル

lopată

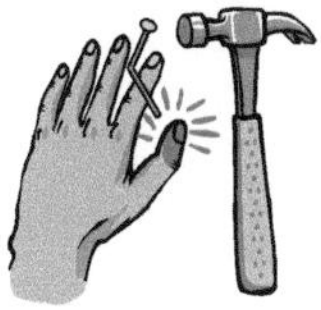

クソ！

La naiba!

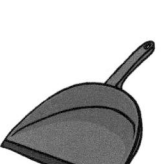

ちりとり

făraș

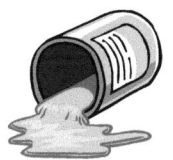

ペンキ缶

vas pentru vopsea

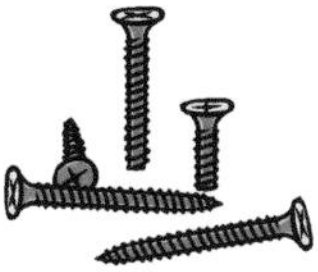

ネジ

șuruburi

楽器

instrumente muzicale

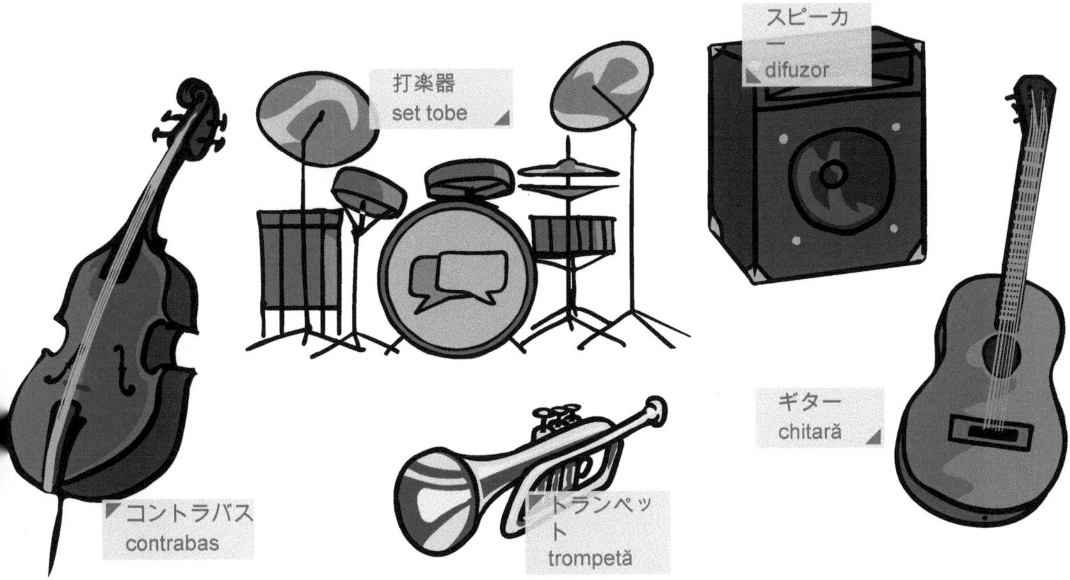
打楽器
set tobe
スピーカー
difuzor
コントラバス
contrabas
トランペット
trompetă
ギター
chitară

ピアノ

pian

バイオリン

vioară

バス

bas

ティンパニ

trombon

ドラム

tobă

キーボード

keyboard

サックス

saxofon

フルート

fluier

マイクロフォン

microfon

動物園

grădină zoologică

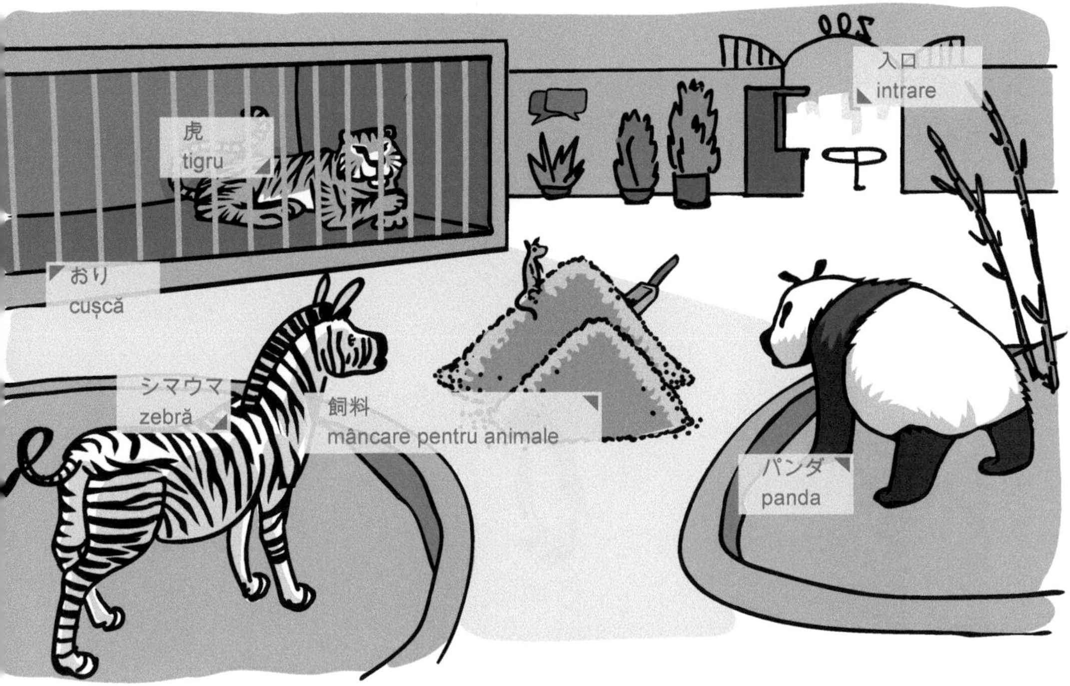
入口
intrare
虎
tigru
おり
cușcă
シマウマ
zebră
飼料
mâncare pentru animale
パンダ
panda

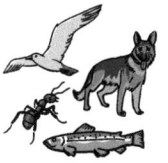

動物

animale

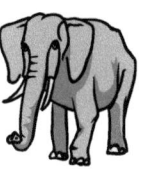

象

elefant

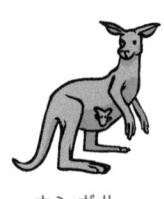

カンガルー

cangur

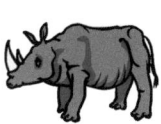

サイ

rinocer

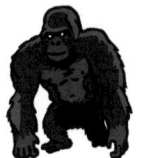

ゴリラ

gorilă

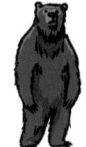

熊

urs

ラクダ

cămilă

ダチョウ

struţ

ライオン

leu

猿

maimuţă

フラミンゴ

flamingo

オウム

papagal

白クマ

urs polar

ペンギン

pinguin

サメ

rechin

クジャク

păun

蛇

şarpe

ワニ

crocodil

飼育係

îngrijitor grădina zoologică

アザラシ

focă

ジャガー

jaguar

動物園 - grădină zoologică

ポニー

ponei

ヒョウ

leopard

カバ

hipopotam

キリン

girafă

鷲

acvilă

雄豚

porc mistreț

魚

pește

亀

broască țestoasă

セイウチ

morsă

狐

vulpe

ガゼル

gazelă

動物園 - grădină zoologică

アメフト
fotbal american

サイクリング
ciclism

テニス
tenis

バスケットボール
basketball

水泳
înot

ボクシング
box

アイスホッケー
hockey pe gheață

サッカー
fotbal

バドミントン
badminton

陸上競技
atletism

ハンドボール
handbal

スキー
schi

ポロ
polo

跳ぶ
a sări

抱きしめる
a îmbrățișa

笑う
a râde

歩く
a merge

歌う
a cânta

祈る
a se ruga

キス
a săruta

夢見る
a visa

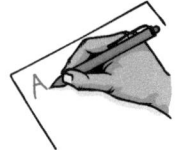

書く
a scrie

描く
a desena

示す
a arăta

押す
a împinge

与える
a da

取る
a lua

持っている

a avea

する

a face

ある

a fi

立つ

a sta în picioare

走る

a fugi

引く

a trage

投げる

a arunca

落ちる

a cădea

横たわっている

a sta întins

待つ

a aștepta

運ぶ

a purta

座る

a ședea

着る

a se îmbrăca

眠る

a dormi

目が覚める

a se trezi

見る

a privi

泣く

a plânge

なでる

a mângâia

櫛ですく

a se pieptăna

話す

a vorbi

理解する

a înțelege

質問する

a întreba

聞く

a asculta

飲む

a bea

食べる

a mânca

片づける

a face ordine

愛する

a iubi

料理する

a găti

運転する

a conduce

飛ぶ

a zbura

ヨットに乗る

a naviga

計算する

a calcula

読む

a citi

学ぶ

a învăţa

働く

a munci

結婚する

a se căsători

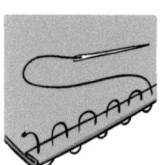

縫う

a coase

歯を磨く

a se spăla pe dinţi

殺す

a ucide

喫煙する

a fuma

送る

a trimite

祖母
bunică

祖父
bunic

父
tată

母
mamă

赤ん坊
bebeluș

娘
soră

息子
fiu

お客様

oaspete

おば

mătușă

おじ

unchi

兄弟

frate

姉妹

soră

体

corp

ひたい
frunte
目
ochi
肩
umăr
指
deget
顔
față
あご
bărbie
手
mână
胸
piept
脚
picior
腕
braț

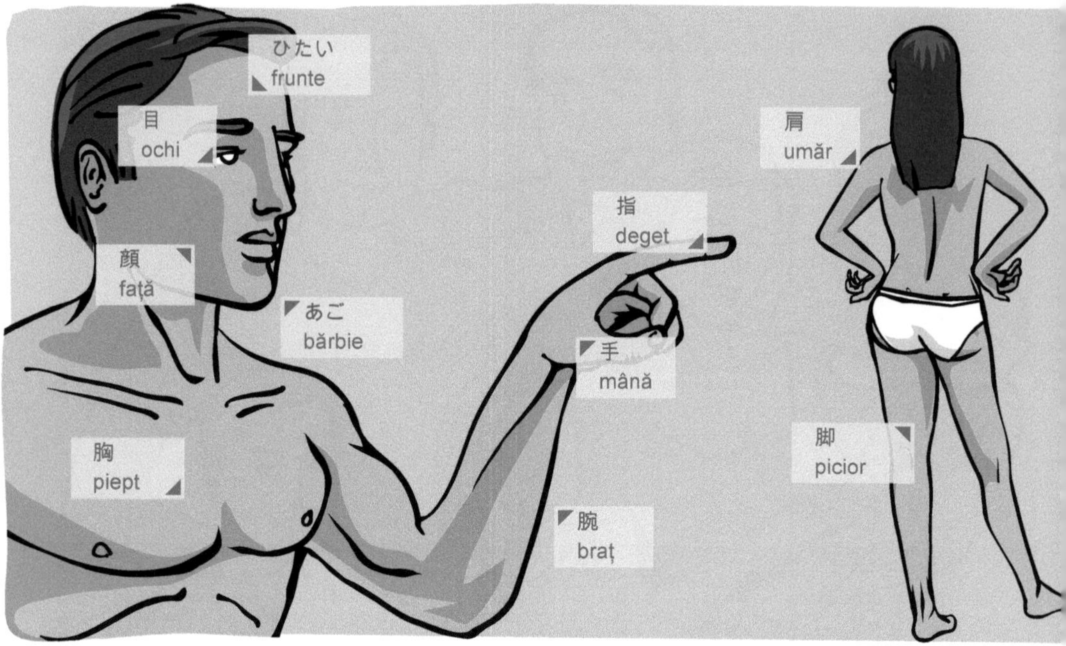

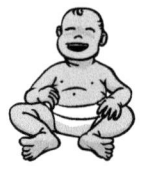

赤ん坊

bebeluș

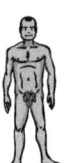

男性

bărbat

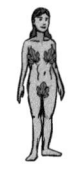

女性

femeie

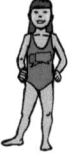

少女

fată

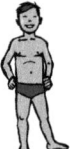

少年

băiat

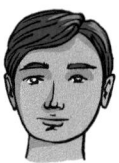

頭

cap

背中

spate

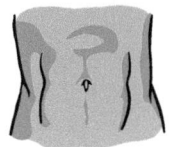

腹

abdomen

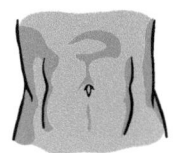

へそ

ombilic

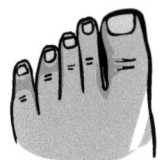

足指

deget de la picior

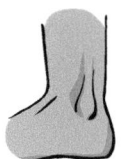

かかと

călcâi

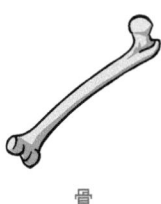

骨

os

腰

șold

ひざ

genunchi

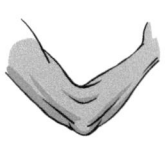

ひじ

cot

鼻

nas

尻

fund

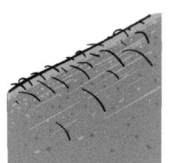

皮膚

piele

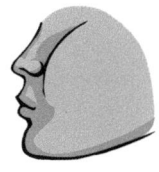

頬

obraz

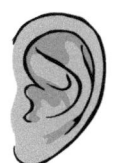

耳

ureche

唇

buză

体 - corp

口

gură

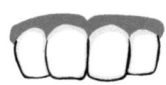

歯

dinte

舌

limbă

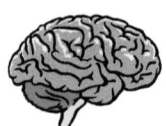

脳

creier

心臓

inimă

筋肉

mușchi

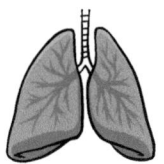

肺

plămân

肝臓

ficat

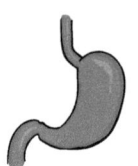

胃

stomac

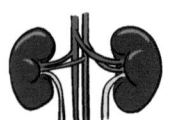

腎臓

rinichi

セックス

sex

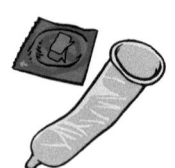

コンドーム

prezervativ

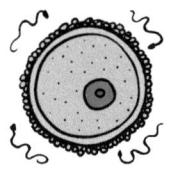

卵細胞

ovul

精液

spermă

妊娠

sarcină

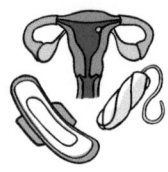

月経

menstruaţie

膣

vagin

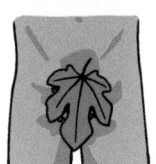

ペニス

penis

眉

sprânceană

髪

păr

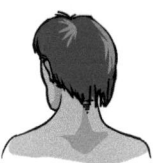

首

gât

体 - corp

病院

spital

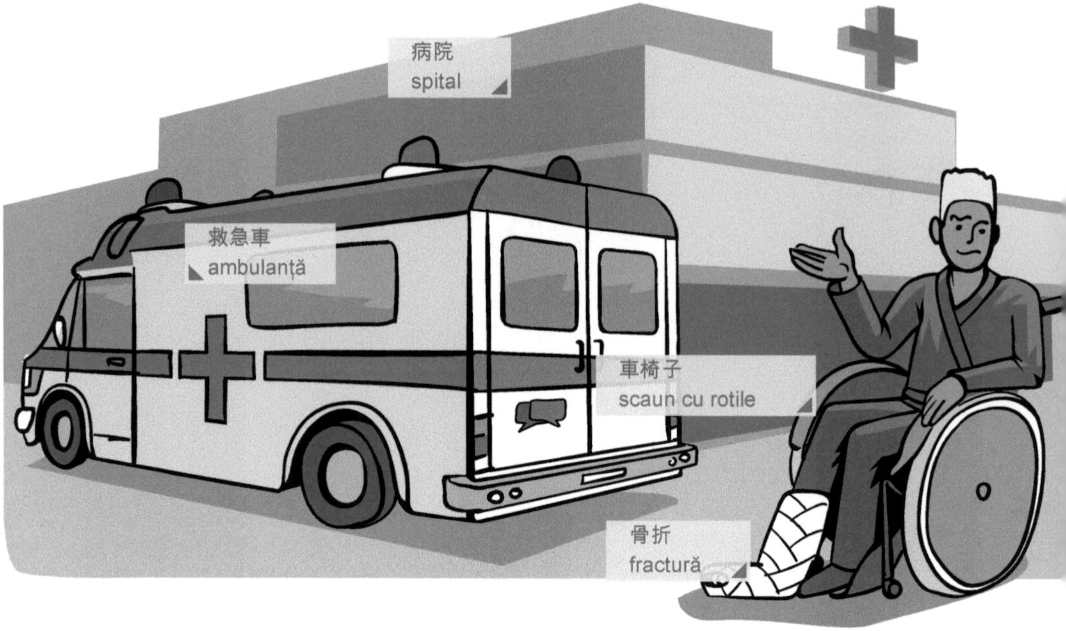

病院
spital
救急車
ambulanță
車椅子
scaun cu rotile
骨折
fractură

医師

medic

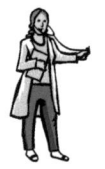

救急治療室

unitate de primiri urgențe

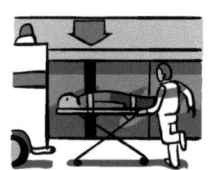

看護師

soră medicală

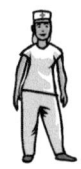

救急

urgență

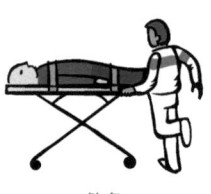

失神

inconștient

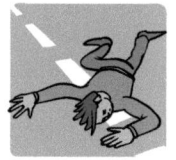

痛み

durere

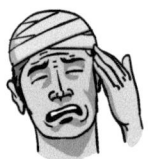

けが

leziune

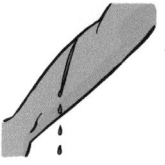

出血

sângerare

心臓発作

infarct miocardic

脳卒中

atac cerebral

アレルギー

alergie

咳

tuse

熱

febră

インフルエンザ

gripă

下痢

diaree

頭痛

durere de cap

癌

cancer

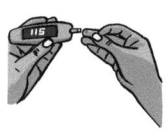

糖尿病

diabet

外科医

chirurg

外科用メス

scalpel

手術

operație

病院 - spital

CT

CT

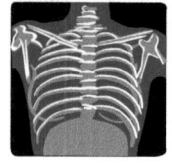

レントゲン

raze Röntgen

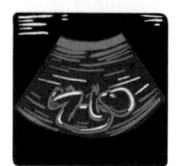

超音波

ultrasunet

マスク

mască

病気

boală

待合室

sală de așteptare

松葉づえ

cârjă

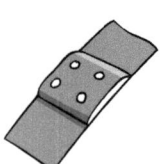

ばんそうこう

plasture

包帯

bandaj

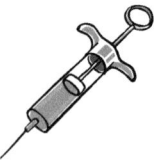

注射

injecție

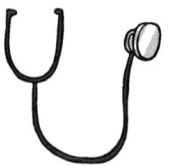

聴診器

stetoscop

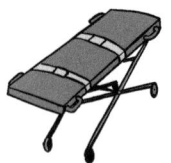

担架

targă

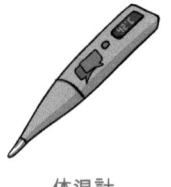

体温計

termometru

出産

naștere

肥満

supraponderabilitate

補聴器

aparat auditiv

消毒剤

dezinfectant

感染

infecție

ウイルス

virus

HIV / エイズ

HIV/SIDA

内服薬

medicină

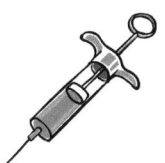

予防接種

vaccin

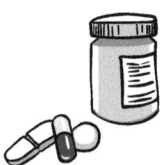

錠剤

tablete

ピル

pastilă

緊急電話

apel de urgență

血圧計

aparat de măsurare a
presiunii arteriale

病気の ／ 健康な

bolnav/sănătos

助けて！

Ajutor!

アラーム

alarmă

暴行

agresiune

攻撃

atac

危険

pericol

非常口

ieșire de urgență

火事だ！

Foc!

消火器

extinctor

事故

accident

救急箱

trusă de prim-ajutor

SOS

SOS

警察

poliție

ヨーロッパ

Europa

北米

America de Nord

南米

America de Sud

アフリカ

Africa

アジア

Asia

オーストラリア

Australia

大西洋

Altantic

太平洋

Pacific

インド洋

Oceanul Indian

南極海

Oceanul Antarctic

北極海

Oceanul Arctic

北極

Polul Nord

南極

Polul Sud

南極大陸

Antarctica

地球

pământ

陸

țară

海

mare

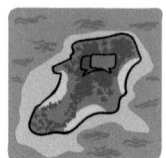

島

insulă

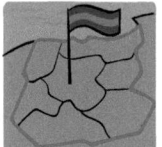

国家

națiune

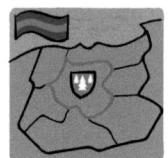

国家

stat

文字盤

cadran

短針

orar

長針

minutar

秒針

secundar

何時ですか？

Cât e ceasul?

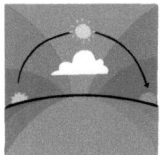

日

zi

時間

timp

現在

acum

デジタル時計

cead digital

分

minut

時間

oră

週

săptămână

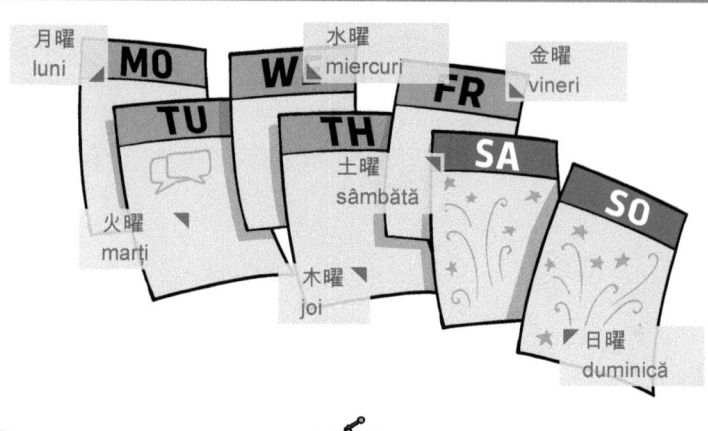

月曜
luni

火曜
marți

水曜
miercuri

木曜
joi

金曜
vineri

土曜
sâmbătă

日曜
duminică

昨日

ieri

今日

azi

明日

mâine

朝

dimineață

昼

amiază

夜

seară

MO	TU	WE	TH	FR	SA	SU
1	2	3	4	5	6	7
8	9	10	11	12	13	14
15	16	17	18	19	20	21
22	23	24	25	26	27	28
29	30	31	1	2	3	4

営業日

zile lucrătoare

MO	TU	WE	TH	FR	SA	SU
1	2	3	4	5	6	7
8	9	10	11	12	13	14
15	16	17	18	19	20	21
22	23	24	25	26	27	28
29	30	31	1	2	3	4

週末

week-end

雨
ploaie

虹
curcubeu

風
vânt

雪
zăpadă

春
primăvară

秋
toamnă

夏
vară

冬
iarnă

4.APRIL	11°	☀
5.APRIL	4°	
6.APRIL	13°	
7.APRIL	8°	☀
8.APRIL	10°	☀

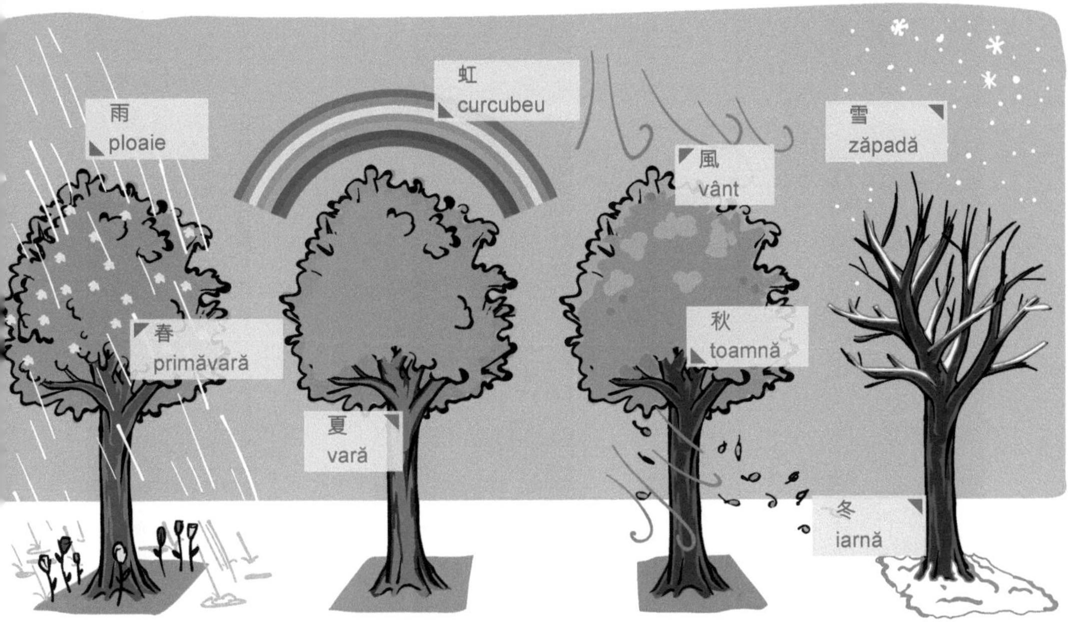

天気予報

prognoză meteo

温度計

termometru

日差し

lumina soarelui

雲

nor

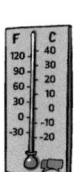

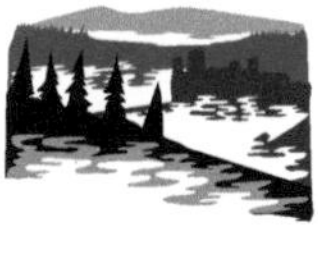

霧

ceață

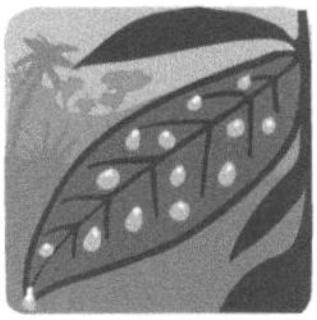

湿度

umiditate a aerului

雷

fulger

雷

tunet

嵐

furtună

ひょう

grindină

季節風

muson

洪水

inundaţie

氷

gheaţă

1月

ianuarie

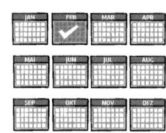

2月

februarie

3月

martie

4月

aprilie

5月

mai

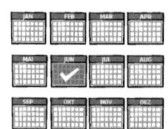

6月

iunie

7月

iulie

8月

august

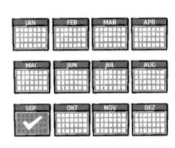

9月
....
septembrie

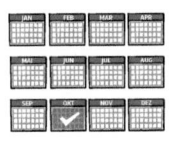

10月
....
octombrie

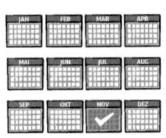

11月
....
noiembrie

12月
....
decembrie

形

forme

円
....
cerc

正方形
....
pătrat

長方形
....
dreptunghi

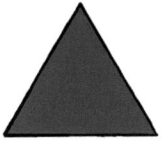

三角
....
triunghi

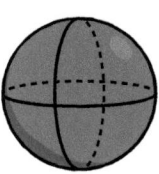

球
....
sferă

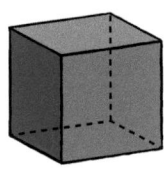

立方体
....
cub

白

alb

黄

galben

オレンジ

portocaliu

ピンク

roz

赤

roșu

紫

violet

青

albastru

緑

verde

茶

maro

灰色

gri

黒

negru

antonime

多い / 少ない

mult/puțin

怒っている /
落ち着いている
furios/calm

美しい / 醜い

frumos/urât

初め / 終わり

început/sfârșit

大きい / 小さい

mare/mic

明るい / 暗い

luminos/întunecat

兄弟 / 姉妹

frate/soră

清潔な / 汚い

curat/murdar

完全な / 不完全な

complet/incomplet

日中 / 夜

zi/noapte

死んだ / 生きている

mort/viu

幅広い / 狭い

lat/strâmt

食べられる　/
食べられない
comestibil/necomestibil

悪意のある　/　親切な
rău/prietenos

興奮している　/
退屈じている
emoționat/plictisit

太った　/　痩せた
gras/slab

最初に　/　最後に
primul/ultimul

友人　/　敵
prieten/inamic

いっぱいの　/　空の
plin/gol

硬い　/　柔らかい
tare/moale

重い　/　軽い
greu/ușor

空腹　/　喉の渇き
foame/sete

病気の　/　健康な
bolnav/sănătos

違法な　/　合法な
ilegal/legal

賢い　/　愚かな
inteligent/stupid

左に　/　右に
stânga/dreapta

近い　/　遠い
aproape/departe

新しい ／ 中古の
nou/uzat

何もない ／ 何かある
nimic/ceva

老いた ／ 若い
bătrân/tânăr

オン ／ オフ
pornit/oprit

開いている ／
閉まっている
deschis/închis

静かな ／ うるさい
încet/tare

裕福な ／ 貧乏な
bogat/sărac

正しい ／ 間違っている
corect/fals

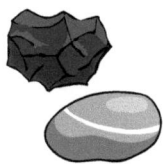

粗い ／ なめらか
aspru/neted

悲しい ／ 幸せな
trist/fericit

短い ／ 長い
lung/scurt

ゆっくり ／ 速い
încet/repede

濡れた ／ 乾いた
ud/uscat

温かい ／ 冷たい
cald/rece

戦争 ／ 平和
război/pace

反対 - antonime

0

ゼロ

zero

1

1

unu

2

2

doi

3

3

trei

4

4

patru

5

5

cinci

6

6

șase

7

7

șapte

8

8

opt

9

9

nouă

10

10

zece

11

11

unsprezece

12

12
....
douăsprezece

13

13
....
treisprezece

14

14
....
paisprezece

15

15
....
cincisprezece

16

16
....
șaisprezece

17

17
....
șaptesprezece

18

18
....
optsprezece

19

19
....
nouăsprezece

20

20
....
douăzeci

100

100
....
o sută

1.000

1000
....
o mie

1.000.000

100万
....
un milion

英語

englez ă

アメリカ英語

engleză americană

中国標準語

chineza mandarină

ヒンディー語

hindi

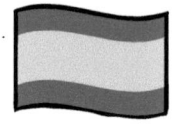

スペイン語

spaniolă

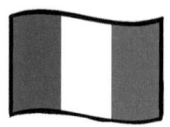

フランス語

franceză

アラビア語

arabă

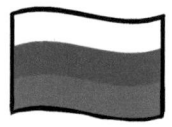

ロシア語

rusă

ポルトガル語

protugheză

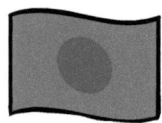

ベンガル語

bengaleză

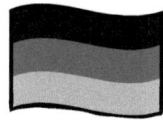

ドイツ語

germană

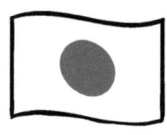

日本語

japoneză

私

eu

あなた

tu

彼 / 彼女 / それ

el/ea

私たち

noi

あなたたち

voi

彼ら

ea

誰？

cine?

何？

ce?

どうやって？

cum?

どこ？

unde?

いつ？

când?

名前

nume

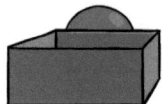

後ろ

în spate

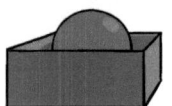

中

în

前

înainte

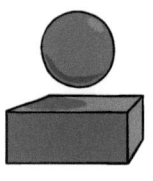

上

peste

上

pe

下

sub

横

lângă

間

între

場所

loc